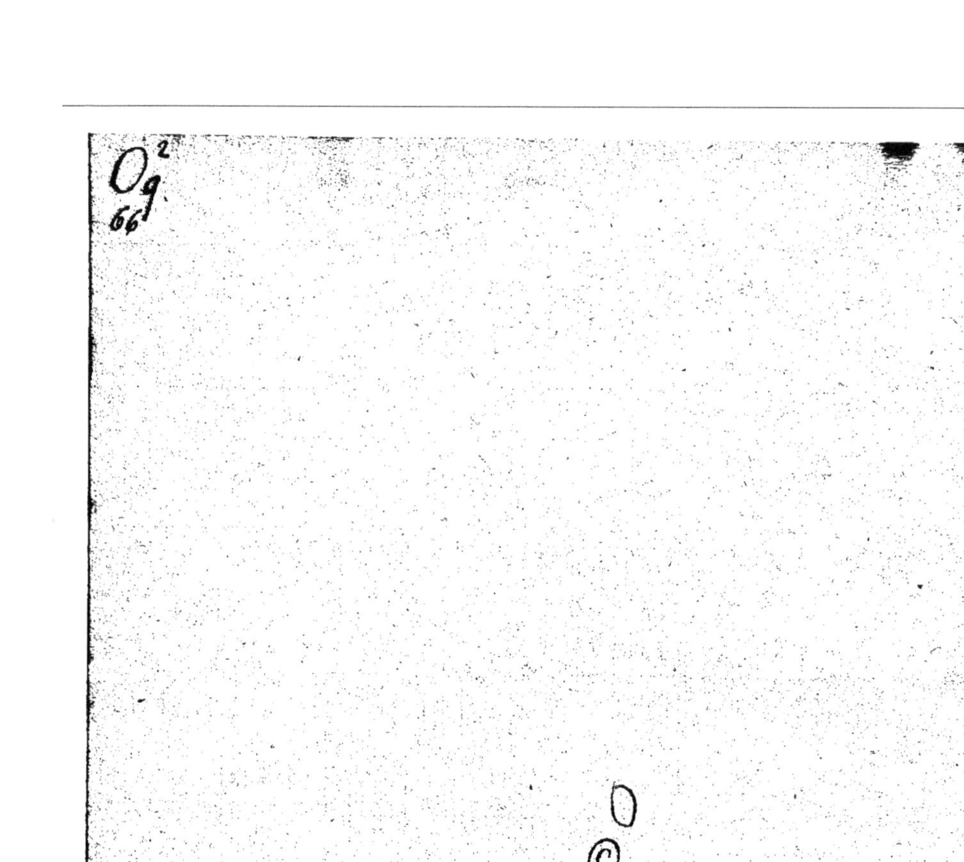

# NOTICE

SUR LE

# YAMÂNTAGA

IDOLE RARE DU MUSÉUM D'HISTOIRE NATURELLE ET D'ANTIQUITÉS DE L'UNIVERSITÉ IMPÉRIALE DE MOSCOU,





PAR

GOTTHELF FISCHER DE WALDHEIM.



MOSCOU.
De l'Imprimerie de l'Université.
1826.

# NOTICE SUR LE YAMANTAGA, IDOLE DES MONGOLES.

Le culte a besoin de symboles pour attacher l'attention, fixer la contemplation sur un seul but, éviter du moins toute distraction; mais plus un peuple superstitieux manque de culture, plus les attributs de la divinité deviennent multipliés et bizarres.

L'idole des Mongoles, connue sous le nom de *Yamântaga* nous offre un exemple frappant d'une imagination bizarre et grotesque, et l'individu métallique que l'Université en possède mérite sous plusieurs rapports une description. La question principale est de savoir comment cet objet rare a été acquis par l'Université, de chercher à connoitre le métal qu'on y a employé et enfin indiquer le dégrès de perfection de l'art qui s'y trouve exprimé. Quant aux idées réligieuses qu'on pourroit y attacher, j'en abandonne l'explication à d'autres plus versés que moi dans l'étude des théogonies de l'Orient.

L'Université a reçu cet objet, parmi beaucoup d'autres, dans la riche donation de feu Paul Grigorievitch de Demidow, qui m'assura: que cette idole avoit été achetée par ses ancêtres à des Boukhares; que ceux-ci l'avoient enlevée dans une guerre contre les Mongoles qui avoient pour coutume d'ammener leurs Dieux avec eux, de façon que les ennemis qui les combattoient, cherchoient toujours à décider du sort d'une bataille en attaquant de préférence l'endroit où se trouvoit le dépot sacré de l'idole.

Les Voyageurs qui parlent de cette idole pour l'avoir vu dans les pagodes des Mongoles, mais ordinairement grossièrement peinte sur de la toile, n'en ont jamais rencontré en métal et d'après tous les renseignemens que j'ai pu me procurer, j'ose prétendre que, jusqu'à ce jour, c'est à peu près l'unique qui existe.

La masse se compose d'argent mêlé d'un leger alliage d'étain, mais le travail en est soigné de façon à s'attirer l'attention des artistes. Il seroit difficile de l'imiter aujourd'hui. Les figures principales sont moulées et fondues ensemble, mais les bras ont été moulés à part et ont été rapportés et soudés très artistement sous des anneaux qui servent d'ornement. La delicatesse des traits des têtes, le fini dans les bras et le mouvement naturel dans les mains font de cette idole un chef-d'oeuvre de l'art.

Je vais d'abord essayer d'en donner une description matérielle aussi exacte que je pourrai et j'ajouterai ensuite quelques opinions que cette idole m'a suggérées et qui se trouveront corrigées et rectifiées par une lettre de Mr. Schmidt, homme versé dans l'histoire des Mongoles et connu par un ouvrage excellent sur ce sujet *).

La petite statue a, non compris le piédestal, six pouces en hauteur et en largeur quatre pouces

---

*) *Isaac Jacob* Schmidt, Forschungen im Gebiete der älteren religiösen, politischen und literarischen Bildungsgeschichte der Völker Mittel-Asiens, vorzüglich der Mongolen und Tibeter. St. *Petersburg*. 1824. 8. m. 2. Taf. in Steindruck.

six lignes, en prenant l'extension des bras. Elle est composée d'un corps à neuf têtes, à seize pieds et à trente quatre bras. Six têtes de femmes entourent la principale qui est celle d'un boeuf et ce grouppe est surmonté de deux autres têtes de femmes, l'une sur l'autre, dont l'une remarquable par sa laideur, est entourée de rayons et l'autre, qui est la plus élevée, se distingue par sa jeunesse et par la beauté de ses traits. Toutes ces têtes ont des colliers de perles et portent des couronnes de têtes de morts d'où sortent des flammes. L'oeil de la providence se trouve sur le front de toutes ces têtes, à l'exception de la supérieure qui ne porte non plus la couronne de têtes de morts et n'est décorée que d'un diadème de flammes. Les trente quatre bras ornés de bracelets de perles et d'anneaux tiennent les emblèmes de la force et de la destruction, à l'exception de la figure antérieure dont les uns tiénnent une partie de la *Veda* et les autres le *Lingam*.

Les seize pieds ne touchent point la terre mais sont portés par des rennes ou antilopes d'un côté, et par des aigles de l'autre, et ces animaux eux-mêmes posent sur neuf idoles de différente forme. Parmi les antérieurs on en remarque trois portant des couronnes et du côté gauche, la seconde a le nez terminé en trompe d'éléphant.

La poitrine et les jambes de la principale figure sont également ornées de perles. Entre ses jambes pendent deux guirlandes, l'une de têtes de morts et l'autre plus extérieure de têtes vivantes. Il nous reste encore à citer parmi les decorations extérieures trois flambeaux, dont deux pendent aux côtés de la figure et le troisième descend entre ses jambes.

Cette figure ainsi composée et en outre munie de l'attribut de la force virile embrasse une jeune fille dont l'une des jambes pose sur un oiseau et l'autre enveloppe les cuisses de l'idole. Elle est de même couronnée de têtes de morts, surmontées de flammes ; son front est orné de perles et on remarque également sur les bras et les jambes des bracelets de perles. Son collier est composé de têtes de morts.

Le travail de cette petite figure de femme a été traité par l'artiste avec beaucoup de soin et de delicatesse ; toutes les proportions y sont bien observées et la perfection en est telle, qu'un statuaire habile, un *Benvenutto* CELLINI se seroit glorifié d'avoir produit un si bel ouvrage. Les planches, tout en rendant parfaitement les proportions de toutes les parties, sont loin cependant de faire sentir la perfection de l'original.

Je me sens hors d'état d'expliquer d'une manière satisfaisante les divers emblèmes qui sont tenus par les mains, et que j'ai fait représenter un peu aggrandis, sur une planche particulière (Tab. III.), pour en faciliter l'intelligence à d'autres plus savans que moi. Au reste les emblèmes qu'on voit dans les mains de la figure principale et dans celle de la jeune femme, représentent bien evidemment, entr'autres, le *Lingam* (*Phallus*, *Priape*). On y distingue aussi des instrumens de morts, tels que le lacet, et des symboles de la destruction, comme des têtes, des portions de bras. J'ai pris la petite tablette de la seconde paire de bras de la figure principale comme devant représenter la *Veda*, ou *écriture sacrée*; cependant un clou qui la perce d'un côté, rend cette opinion un peu douteuse.

Les Mongoles adorent cette idole sous le nom de *Yamântaga* *). C'est le Dieu-vengeur des *Lamas-hindous.*

Il est facile de comprendre, que par cette idole on a voulu représenter le Dieu tout-puissant de la création, de la conservation et de la destruction. Qu'il me soit permis d'ajouter quelques mots sur son origine.

J'ai pensé que les Mongoles devoient avoir reçu des Indiens les ideés de leur mythologie. Les Indiens, ou Hindous, si anciens et si éclairés, paroissent avoir joué un rôle bien important longtems avant les Égyptiens et les Grecs. Il suffit de se rappeler des ruines d'*Ellora*, pour ne pas citer d'autres preuves de leur génie, que nous a fait connoître le savant *William* Jones.

Les Indiens n'adoroient qu'une seule divinité, *Trimurti*, *Trituam* (triple déité), qui dans leurs idées n'étoit distincte que par trois attributs, celui de créer, de conserver et celui de détruire **).

Plus tard ils les séparèrent en effet, de sorte qu'il en résulta, *Brahma*, *Vichnou* et *Siva* ***).

---

*) *Yama*, signifie en *sanscrit*: „Dieu de l'enfer," et *Antaka*: „Destructeur. Mr. Schmidt dans sa lettre du 7 Nov. 1824. V. aussi: a Dictionary Sanscrit and English. *Calcutta.* 1819. p. 705. Pallas, histor. Nachricht. B. II. p. 95. a voulu expliquer le nom de Jamandaga, (c'est ainsi qu'il l'écrit) en le faisant dériver du Mongole; mais par erreur, selon Mr. Schmidt (Forschungen. p. 788) car *Jama*, signifie *chèvre*, et *Daga* n'indique pas le visage comme le vouloit Pallas.

**) Sonnerat, Voyage aux Indes orientales et à la Chine. *Paris.* 1788. 4. T. I. p. 149.

***) Les Brahmines, dépositaires d'un système aussi singulier (celui d'un idéalisme), d'un système qui suppose les réflexions les plus profondes et

Les Hindous d'aujourd'hui en font autant d'après les rapports des missionnaires *). Ces mêmes missionnaires ont donné du *Brahma*, du *Vichnou* et du *Siva*, une gravure qu'ils ont accompagnée de l'explication suivante.

„La gravure contient les figures de *Brahma*, de *Vichnou*, et de *Siva*, les trois principales déités des Hindous. Ces trois déités sont trois formes d'une et de la même divinité. Les Hindous communs multiplient leurs déités presqu'à l'infini, mais les plus instruits parmi eux ne reconnaissent qu'une seule suprême déité, qu'ils appellent *Brahme* ou *le Grand*. Ils supposent qu'il manifeste son pouvoir par l'action de son esprit divin, qu'ils nomment *Vichnou*, le pénétrant (*the pervader*), et ils croyent que par ce pouvoir la nature est préservée et soutenue. S'ils considèrent le pouvoir divin se manifestant en créant ou donnant l'existence à un nouvel être, ils appellent la déité *Brahma*, s'ils l'envisagent comme déstructeur, ils lui donnent le nom de *Siva*.“

„*Brahma* est représenté ordinairement avec quatre visages et quatre bras, ayant dans ses mains ce que ses descendans, les Brahmines, sont sensés tenir dans les leurs, c. a. d. une portion de la *Veda*

---

les plus hardies, l'admettent cependant d'une manière entièrement aveugle et passive, ne cherchent point à le detérminer par le raisonnement, l'acceptent comme une tradition, presque comme une sorte de dogme et paroissent ne réfléchir eux-mêmes ni sur les considérations qu'il suppose, ni sur les conséquences qu'il entraine. Ainsi il n'affaiblit en eux ni le fond de leurs croyances, ni même leur attachement aux pratiques superstitieuses. Histoire composée des systèmes de Philosophie par Degerando, Tome I. p. 299.

*) Missionary Papers. No XX. Christmas. 1820.

ou de l'écriture; — une cuillière employée dans les cérémonies pour bénir l'eau; — un rosaire, pour aider à l'abstraction dans la contemplation des attributs de Dieu; ils en laissent tomber un grain, en récitant mentalement chacun de ces noms, tandisque l'esprit est profondément attentif à l'idée éveillée par ce nom, idée qui signifie un attribut quelconque *); — en quatrième lieu, un vase pour contenir de l'eau, pour l'ablution, préliminaire essentiel de la prière ou du sacrifice."

„Dans une des mains droites de Vichnou se trouve le *Chank*, ou *Coquille* qui est un grand *buccinum*. Dans l'autre est le *Chankra*, arme de trait, qui ressemble à un disque ayant un trou dans le centre, sur lequel il est tourné par l'index pour être lancé à son but. Il a le bord tranchant, et quand il est lancé par *Vichnou*, on suppose qu'il émane de sa périphérie un feu irrésistible. Dans les mains gauches on distingue le *Gadha*, espèce de massue, et la *Nymphaea* ou le *Lotos*."

„*Siva* est représenté tenant dans une main la *Trisuta* ou *Trident* et dans l'autre, le *Pacha*, corde déstinée à lier et à étrangler les pécheurs incorrigibles. Les deux mains antérieures, droite et gauche, sont dans une position commune à plusieurs divinités, et que l'on prétend indiquer une invitation à demander, et une promesse d'accorder ou de protéger. Sur le front se remarque un troisième oeil,*

*) Ce passage des missionnaires n'est pas d'une bonne logique, puisqu'ils confondent l'idole avec ceux qui l'adorent. Voici leurs propres paroles: — „a Rosary, for assisting abstraction in contemplating the attributes of God, a bead being dropped at the mental recitation of each of his names, while the mind is intensely fixed on the idea that the name, which is significant of some attribute, excites."

pouvant regarder en haut et en bas ; — ses trois yeux indiquent probablement la connoissance des tems passé, présent et future. Des serpens, emblèmes de l'immortalité, forment ses boucles d'oreilles; et son collier, qui est suspendu, se compose de têtes d'hommes, pour indiquer l'extinction et la succession des générations humaines."

Les descriptions que nous venons de donner expliquent, comme on peut s'en convaincre, plusieurs emblèmes qu'on découvre dans l'idole *Yamântaga*.

Le créateur est toujours indiqué par le *Lingam,* et même quelquefois par sa représentation isolée. On le reconnoit facilement dans l'idole en question. *Vichnou* et *Chiven* ou *Siva* se voyent le plus souvent ensemble ; mais le Dieu destructeur, *Siva*, (*Chiven*, *Parachiven*) est seul représenté avec des têtes de mort et des rennes et des cerfs. C'est l'*Otschirbany* des Calmouks - Zungores *).

*Vichnou* ou le Dieu conservateur est représenté de bien des manières ; on connoit jusqu'à neuf formes différentes et principales, sous lesquelles on lui a consacré des temples. On appelle ces différentes formes *ses incarnations*, auxquelles paroissent faire allusion les neuf têtes de notre idole et les neuf figures isolées et prosternées sous lui. La figure représentée avec une trompe d'éléphant est le symbole d'un profond discernement. Elle s'appelle *Ganesa* ou *Jane* et est représentée avec quatre bras **). Les six têtes accolées à celle de

*) V. Chappe d'Auteroche, Voyage en Sibérie. *Paris.* 1768. 4° Tom. I. Tab. XXIII.

**) *William* Jones, on the gods of Greece, Italy and India. Voy. his Works. *London*, 1799. 4° p. 234. sq. — Sur les dieux de la Grèce, de l'Italie et de l'Inde, dans ses Recherches asiatiques ; Vol. I. p. 162. de l'édition française.

boeuf, l'une des incarnations du *Vichnou*, sont de même le symbole de la prévoyance, qu'on adorait encore sous le nom de *Castigueya* qui rappelle *Argus* que *Junon* employoit comme son principal gardien.

Telles sont les idées qui me sont venues sur cette singulière idole, qui m'avait frappé comme tant d'autres et qui me faisait présumer que la Mythologie mongole devait être d'origine indienne. Cette supposition acquit même un degré de certitude, quand un jour j'entendis le prince VISAPOUR s'écrier, en appercevant cette idole: „c'est le Lingam, enlevé dans l'une de nos pagodes!"

Mais voyant plus tard que M. SCHMIDT prétendoit que chez les Mongoles *) il n'existoit rien du *Trimurti*, du *Lingam* des Brahmines, j'ai jugé prudent de m' adresser à lui, pour apprendre quelque chose de plus positif à ce sujet. Je dus alors à sa complaisance la lettre, que le lecteur accueillera sans doute avec la même satisfaction que j'eus à la recevoir.

---

Lettre de Mr. SCHMIDT à S. E. Mr. G. de FISCHER, datée: St. Pétersbourg le 2 Juillet 1825 **).

„*Votre Excellence*,"

„C'est avec un véritable plaisir que j'essayerai de satisfaire le désir que vous avez, d'obtenir quel-

*) SCHMIDT, Forschungen. p. 188.

**) Lue à la Soc. Impériale des Naturalistes, de Moscou. Séance du 14 Novembre 1825.

ques éclaircissemens sur l'idole *Yamântaka* et sa signification symbolique ; cependant vous ne devez pas vous attendre à une solution parfaite, et qui puisse vous satisfaire sous tous les rapports."

„Quoique nous connaissons assez bien le système des Brahmines, soit l'ancien primitif et pur, soit le nouveau qui est dégénéré, nous n'en possédons cependant point l'histoire, ou le developpement gradué par des symbols matériels. Nous connaissons à la vérité les principales sectes de l'Indostan, mais nous avons sur leur histoire primitive trop peu de notions, pour pouvoir distinguer ce qui existoit à son berceau de ce qui fut ajouté ultérieurement. En outre, le Buddhaïsme différant essentiellement dans ses principaux points du Brahmisme, on ne sait point si on doit le considérer comme une secte provenue de ce dernier ou plutôt comme ayant devancé le Brahmisme."

„Le Buddhaïsme au moins de nos jours, comprend dans son système tous les dieux et tous les esprits du Brahmisme, qui néanmoins, et malgré toute leur puissance, ne sont que des êtres subordonnés, se mouvant encore dans le cercle du *Sansâra* ou des vicissitudes du destin de la matière, et qui même sont encore exposés à la chute et à l'*obscurcissement (Verfinsterung)*. Il n'existe point d'animal, d'homme ou d'esprit qui soit au dessus de *Buddha*, c'est à dire, d'un être qui par un grand nombre de régénérations et par l'accumulation de grands mérites et de pures lumières, s'est dégagé du néant du Sansâra, néant du monde visible et de ses conditions, et qui est devenu *Nirwâna*, c'est à dire délivré de la matière et de ses mélanges. Toutefois les divinités des *Brahmines* sont adorées par les *Buddhaïs-*

*tes* comme des êtres éminemment bienfaisans, dont les principales attributions consistent, en leur qualité de serviteurs subordonnés, à étendre la doctrine de *Buddha,* à combattre et à renverser tous les obstacles qui s'élèvent contre cette doctrine, et à cet égard on les considère souvent comme des intelligences émanées de *Buddha*, et qui ordinairement sont représentées sous des formes ménaçantes."

„C'est sous ce point de vue historique, que, selon moi, l'on doit considérer l'idole *Yamântaka* dont il s'agit. Cette divinité n'est elle-même, qu'une des nombreuses et diverses représentations du *Chiva* ou *Siva* et son nom celui de l'une des intelligences de troisième ordre, que les Brahmines nomment *Trimurti.* Ce n'est point le *Lingam* tel que l'a vaguement présumé le Prince Visapour, mais le *Lingam*, configuration empruntée du *phallus*, n'est que l'un de ses principaux attributs, et avec la totalité du groupe il forme, d'après le système des Brahmines, une image de la force déstructive et régénératrice de la nature. Les deux figures, tant l'idole que la femme qui l'embrasse, ont leurs mains entrelacées et tiennent de la droite le *Lingam.*"

„Le nom est composé des mots sanscrits *Yama* et *Antaka;* le premier est le nom propre du dieu de *l'enfer*, et le second signifie *déstruction.* Chez les Mongoles il est également surnommé le vainqueur des divinités infernales, ce qui paroît s'accorder avec la signification du mot sanscrit *Yamântaka.*"

„Il est évident que cette idole n'est point une figure *Brahmaïque*, et qu'au contraire elle est *Buddhaïque;* ce dont on peut se convaincre par la tête du dieu *Buddhaïque* de la sagesse, *Mandchouchri*, qui surmonte l'idole; on distingue aussi plusieurs divinités *Brahmaïques* parmi les figures qui sont foulées aux pieds; nommément *Ganésa* qu'on reconnait à sa trompe d'éléphant. Parmi les objets que tiennent les mains nombreuses de l'idole, on en distingue plusieurs qui sont des instrumens dont on se sert dans le culte de *Buddha;* par exemple: la cloche sacerdotale, le sceptre sacerdotal, la tymbale etc. Les *Buddhaïstes* placent *Yamântaka* parmi les divinités ménaçantes, destinées à anéantir tout ce qui entrave la propagation et le but de la doctrine de *Buddha*, tout ce qui remplit l'enfer et les régions inférieures et augmente le *Sansâra* et diminue le *Nirwâna:* car, disent-ils, parmi les hommes et les esprits le mal a également ses partisans et ses propagateurs. Les livres de *Buddha* nomment en tout huit de ces intelligences divines et ménaçantes, que je considère toutefois comme étant une même divinité, qui, selon les circonstances, agit avec plus ou moins de puissance, et se trouve conséquemment représentée sous des formes plus ou moins terribles. Ce qu'il y a de certain, c'est, qu'outre *Yamântaka*, il existe encore d'autres figures de ces huit représentations de *Chiva*. Je pense donc que toutes ces huit intelligences se trouvent réunies dans la personne du *Yamântaka* à huit têtes; la neuvième et supérieure n'en fait point partie, et, représentant le principe de l'éternelle *sagesse*, doit être considérée comme étant émanée de la divinité."

„Il est très douteux que ce mélange de *Chiva* fit partie du *Buddhaïsme* primitif, je le regarde comme une innovation, attendu que de nos jours il paroît généralement différent de ce qu'il est dans les livres de l'antiquité et qu'on y distingue clairement une vive influence des systèmes étrangers tels que le *Parsisme.*“

„Il seroit difficile de déterminer où cette idole a été confectionnée, attendu qu'il ne s'y trouve aucune inscription. Nous ne recevons de la Chine que la partie la moins importante et la moins estimée des idoles; la plus grande partie nous vient du *Thibet*, où l'on rencontre des fondeurs aussi habiles que ceux de la Chine. Les plus belles venoient anciennement de *Balpo* ou *Nepâl*. Les chroniques du *Thibet* et des *Mongoles* vantent singulièrement les figures de Nepâl, et à la fondation d'un nouveau temple, on faisait souvent venir de cette ville des artistes, auxquels on confioit la confection des diverses idoles. La matière dont est formé le *Yamântaga* est peut-être le métal, connu sous le nom de cuivre blanc de la Chine. Ils est reconnu que les jésuites, trompés par les assertions des Chinois, regardoient ce métal comme une substance minérale particulière, jusqu'à ce que l'expérience eut donné la conviction du contraire, en prouvant que c'est une composition.“

„Quoique je sois loin d'avoir épuisé le sujet par le peu de ce que j'ai dit sur le *Yamântaka*, c'est cependant tout ce que j'ôse avancer avec quelque assurance.

„Toujours prêt à vous rendre service etc.
signée:

J. SCHMIDT.“

Je me sens assez heureux d'avoir, dans mon explication de cette idole, touché de près à la vérité, mais si le *Buddhaïsme* en profère d'autres dogmes, nous sommes d'autant plus reconnaissans à Mr Schmidt, parcequ'il nous les a fait connaitre.

# OEUVRES PUBLIÉES PAR M. LE PROFESSEUR

# GOTTHELF FISCHER DE WALDHEIM,

CONSEILLER-D'ÉTAT ACTUEL ET CHEVALIER, VICE-PRÉSIDENT DE L'ACADEMIE IMPÉRIALE MÉDICO-CHIRURGICALE, ET DIRECTEUR DE LA SOCIÉTÉ IMPÉRIALE DES NATURALISTES DE MOSCOU.

---

HUMBOLDT's Aphorismen aus der chemischen Pflanzenphysiologie, mit Zusäzen von Hedwig u. Ludwig, aus dem lateinischen übersetzt. Leipzig. 1794. 8.

VERSUCH über die Schwimmblase der Fische. Leipzig. 1795. 8. mit Kupf.

UIBER Galvanism, in Baumann's Uibersetzung von Cavallo's Abhandlung über Electricität.

INGENHOUSS über die Ernährung der Pflanzen u. die Fruchtbarkeit des Bodens; aus dem englischen. Leipz. 1798. 8.

UIBER einen neuen in der Schwimmblase der Forelle entdeckten Wurm. Voy. Reil's Archiv für Physiologie. III. B. 1 Heft. p. 95. sq.

UIBER den Zustand der vergleichenden Anatomie in Frankreich. Voy. Reil's Archiv für Physiologie. IV. B. 1 Heft. p. 68. sq.

MÉMOIRE sur un nouveau genre de vers intestins, suivi de quelques remarques, etc. Voy. Journal. de Phys. Vend. an 7. avec des planches.

MÉMOIRE pour servir d'introduction à un ouvrage sur la respiration des animaux, à Paris. 1798. 8. avec fig. (et dans le Magasin de Millin).

UIBER die verschiedene Form des Intermaxillarknochens. Leipzig. m. 3. Kupf. 1800. 8.

CUVIER's Vorlesungen über vergleichende Anatomie. A. d. Französ. m. Anmerck. Braunschweig. 1801. 1802. 2 Vol. 8.

NATURHISTORISCHE Fragmente. Frankf. a. M. 1801. in 4. mit Kupfern.

5

Anatomisch-physiologische Beobachtungen über eine Hauptverschiedenheit der Säugethier-und Fischzähne. Voyez Wiedemann's Archiv d. Zoologie II. B. 1 St. p. 151. sq.

Découverte d'un Fragment de Donatus de octo partibus, qui jette une grande lumière sur la question relative à la première Bible de Jean Gutenberg. Voy. Millin, Magasin encyclop. T. II. an. VIII. p. 475. sq.

Notice d'un manuscrit très-précieux, découvert parmi les effets provenant du couvent de Saint-Maximin, avec quelques remarques sur les notes caractéristiques de l'âge des manuscrits. Voy. Millin. Mag. Encyclop. Tom. III. p. 494. sq.

Beschreibung typographischer Seltenheiten und merkwürdiger Handschriften nebst Beyträgen zur Erfindungsgeschichte der Buchdruckerkunst. 6 Lieferungen. Nürnberg 1801—1805. 8. mit Kupfern.

Essai sur les monumens typographiques de Jean Gutenberg, Mayençais, inventeur de l'imprimerie. Mayence. 1804. 4. avec 8 planches.

Notice du premier monument typographique en caractères mobiles avec date, connu jusqu'à ce jour. Mayence. 1804. 4. avec une planche.

Uiber Polyautographie u. Steindruckerei. V. Leipz. Litt. Z. Int. 32. N. 1804.

Versuch die Papierzeichen als Kennzeichen der Alterthumskunde anzuwenden. Nüruberg. 1804. 8. m. K. aus den typogr. Seltenh. 6. Lief.

Schilderung des National-Museums der Naturgeschichte zu Paris von seinem Ursprunge bis zu seinem jetzigen Glanze. Frankfurt a. M. 1802 u. 1803. 2 Bände in 8. m. Kupf.

Lettre à l'Institut national de France, sur une nouvelle espèce de Tarsier. Mayence. 1802. 4. avec 2 planches.

Lettre à E. Geoffroy, sur une nouvelle espèce de Loris. Mayence. 1804. in-4. avec 3 planches.

Anatomie der Maki und der ihnen verwandten Thiere. 1 B. Frankfurt a. M. 1804. in-4. avec 26 planches.

Tables synoptiques de Zoognosie. Moscou. 1804. 8.

*Discours* prononcé à la fête semiséculaire de l'Université Impériale de Moscou, sur l'utilité des collections publiques pour l'instruction en général et sur l'influence de l'étude de la nature sur la culture de l'esprit en particulier. Moscou. 1805. 4.

DESCRIPTION du Muséum Impérial d'histoire naturelle de Moscou. 1805. 1 Vol. 119. pagg. 4. avec des pl.

DESCRIPTION du Muséum-Demidovien. Moscou. 1805—1807. 3 Vol. 4. avec figg.

TABULAE Zoognosiae synopticae. Mosquae. 4. c. f. (1808 2 da. ed.)

PROGRAMME sur l'Elasmotherium, nouvel animal fossile de la Russie. Moscou. 1808. in-4 avec figg.

LETTRE sur le Trogontherium, animal fossile et inconnu de la Russie. Moscou. 1809. 4. avec fig.

NOTICE des fossiles du gouvernement de Moscou.

I. Recherches sur les Coquilles fossiles, dites Térébratules. a. Moscou. 1809. 4. avec figg.

II. Recherches sur les Hydnophores. à Moscou. 1810. 4. avec. figg.

III. Recherches sur les Encrinites, les Polycères et les Ombellulaires. à Moscou. 1811. 4. avec figg. (traduit en russe par Mr. Beliakoff:

Изслѣдованіе объ ископаемыхъ, въ Московской Губерніи находящихся; объ Энкринитахъ, Полицеритахъ и Умбеллюляритахъ. Съ Французскаго, перевелъ Михайла Бѣляковъ. Москва. 1812. 8. c. iisd. tabl.)

DESCRIPTION des objets rares du Muséum de l'Université Impériale de Moscou. avec 3 pl. 1810. in-fol.

PRODROMUS craniologiae comparatae. Mosquae. 1811. in-fol. avec 3 pl.

ONOMASTICON du système d'Oryctognosie. Moscou. 1811. 4.

NOTICE des Monumens typographiques qui se trouvent dans la Biblioth. de Mr. le Cte Rasoumowsky. à Moscou. 1812. 8. c. fig. æn.

ORATIO in solemnibus quibus Universitas literarum Cæsarea Mosquensis pacem cum Gallia feliciter restitutam celebravit die X. Jul. 1814. 4.

ZOOGNOSIA tabulis synopticis illustrata, ed. III. Classium, ordinum, generum illustratione perpetua aucta. Mosquæ. 1813—1814. 3 Vol. 1. in-4. 2. 3. in-8. avec des pl.

BESCHREIBUNG eines Huhns mit menschenähnlichem Profile. Moskwa. 1815. 8.
en russe; ib. eod.
en français; dans la Revue encyclopédique.

ESSAI sur la Turquoise et sur la Calaïte. 1816 avec 2 pl. 8.
Seconde édition avec 3 pl. 1818.

Орикшогнозія или краткое описаніе всѣхъ ископаемыхъ веществъ. Москва. 1818. 1820. 2 Vol. 8.

Essai sur la Pellegrina ou la perle incomparable des frères Zozima. Moscou. 1818. 8.

en russe: par Etienne Maslow. eod.

en polonais: par Alexandra Wolfgang. Wilna. 1822. 8.

Programme contenant une Notice sur une mouche carnivore, accompagnée d'une pl. 1819. 4.

Tabula additialis Zoognosiæ continens conspectum animalium Namatophororum, s. lympham gèrentium et verterbis carentium, studiosis dicata. 1820. 8.

Programme contenant une notice des objets de la mer Méditerranée, envoyés par Mr. de Lajard. 1820. 8.

Panegyricus Memoriæ pie defuncti Pauli Gregoridis Demidow dictus. Mosquæ. 1821. 4.

Lettre à Mr. le Dr. Pander, contenant une notice sur un nouveau genre d'oiseau et sur plusieurs nouveaux insectes. Moscou. 1821. 8.

Entomographie de la Russie et Genres des Insectes. Moscou. 1820—1822. in 4° avec 28 pl. Vol. II. 1823. avec 50 pl. — est continuée.

Lettre à Mr. le Dr. Henning sur le physodactyle nouveau genre de Coléoptère élatéroide. 1822. 8. avec 1 pl.

Museum historiae naturalis Universitatis Caesareae Mosquensis. 1822. 1824. P. I. et III. 8.

Enchiridion generum animalium. 1823. 8.

Notice sur l'Argas de Perse, décrit sous le nom de punaise de Perse par les voyageurs. 1824. 4. avec une planche.

De metamorphosi corporum orgaricorum oratio. 1825. 4.

Orictographie du Gouvernement de Moscou. 1826. folio avec beacoup. de cartes et de planches. — (*sous presse*).

# IL A PUBLIE

*Dans les Mémoires de la Société Impériale des Naturalistes de Moscou, les Mémoires suivans:*

## VOL. I.

Sur quelques nouvelles espèces d'animaux du Muséum d'hist. nat. de Moscou.
Sur la corneille à collier, dite Sömmerring.
Nouvelles espèces d'insectes de la Russie. (supprimé dans la seconde édition.)
Description de deux nouveaux instrumens utiles dans la pratique de l'anatomie humaine et comparée.
Observations d'un nouveau genre d'une nouvelle famille de Diptères, le Rhynchocéphale.
Sur le Nycteridium, nouveau genre de hymenoptères.
Description de la Keffekilithe.
Notice sur la Sibérite ou les Tourmalines rouges de Sibérie.
Notice sur la Thallite d'Ekaterinebourg.
Note sur les Turqnoises.

## VOL. II.

Sur l'Elasmotherium et le Trogontherium, deux animaux fossiles et inconnus
Sur deux generes nouveanx de Coléoptères.
Notice sur quelques insectes exotiques.

## VOL. III.

La Hétéroclite présentée comme un genre nouveau, sous le nom de Nématura.
Sur deux nouvelles espèces de Chouettes.
Sur un nouveau genre de Coléoptères: Pogonocerus, novum genus coleopterorum.

## VOL. IV.

Sur quelques Diptères de la Russie.
1. Le Chaoborus antisepticus de Lichtenstein, la larve de Culex claviger, F.

## VOL. V.

Adversaria zoologica.
Fasc. I. Quædam ad Mammalium systema et genera illustranda.
Fasc. II. De generibus quibusdam seriei animalium aspondylophororum.

## VOL. VI.

Fasc. III Elenchus Classium animalium nematophororum.
Notices sur un nouveau genre d'oiseaux appelé: *Podoces.*
Coleoptera quaedam exotica.
Notice sur l'Argas de Perse.

*In Commentationibus Soc. phys. med. Mosquens.*
*Vol. 1.*

**Galago Demidovii, nova species quadrimanorum, observatis anatomicis illustrata. p. 57—79.**

**De Nycteridio, novo genere hymenopterorum, ad familiam Tenthredinum pertinente, notata quædam; (Pteronus Panz.)**

TAB. I.

TAB. II.

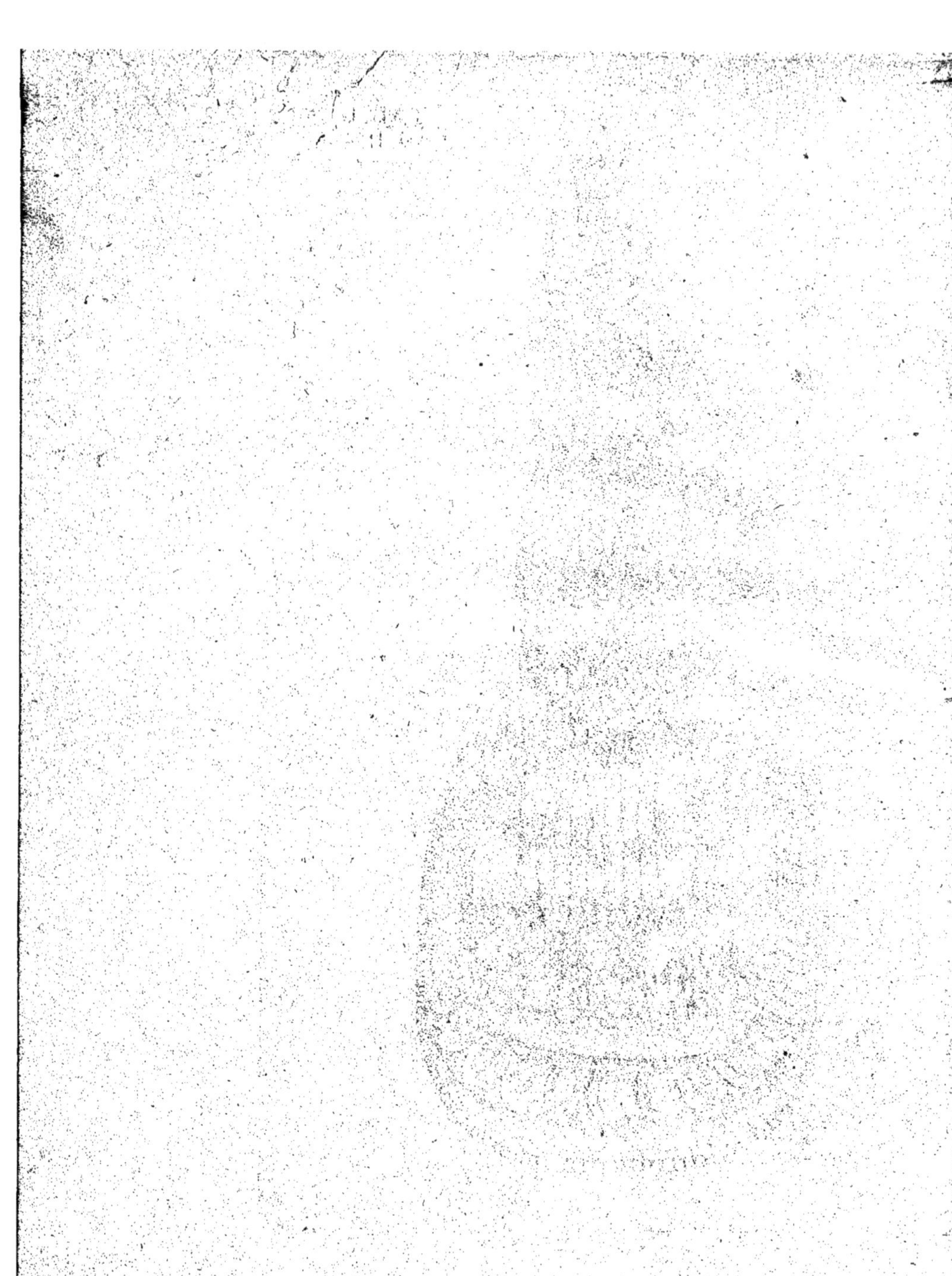

TAB. III.
c.1.
d.1.
c.2.
a.1.
b.1.
d.2.
a.2.
b.2.
c.3.
d.3.
a.3.
A.
B.
b.3.
a.4....6.
C. D.
d.4.
b.4.
c.5.
a.5...c.6.
b.5.
d.5.
b.6.
c.7.
d.7.
B.R
8.
b.7.
d.6.

www.ingramcontent.com/pod-product-compliance
Ingram Content Group UK Ltd.
Pitfield, Milton Keynes, MK11 3LW, UK
UKHW021119230726
13926UKWH00002B/553